CERDOS

ANIMALES DE GRANJA

Lynn M. Stone

Versión en español de Aída E. Marcuse

Rourke Enterprises, Inc.
Vero Beach, Florida 32964

FOTOS
Todas las fotografías pertenecen a la autora del libro.

AGRADECIMIENTOS
La autora agradece a las siguientes personas por la ayuda que
le brindaron en la preparación de libro: Dave Hefernan / Aldea
Histo1arica de la Granja Blackberry, Arora, IL
Marion Behling, St. Charles, IL

LIBRARY OF CONGRESS
Library of Congress Cataloging-in-Publication Data
Stone, Lynn M.
[Cerdos. Español]
  Cerdos / por Lynn M. Stone; versión en español de Aída E.
Marcuse
     p. cm. — (Biblioteca Descubrimiento — Animales de Granja)
     Traducción de: Pigs.
     Incluye un índice.
     Resumen: Describe las características físicas, las costumbres,
el medio ambiente natural y las relaciones de los cerdos con el
hombre.
     ISBN 0-86592-989-0
     1. Porcinos—Literatura juvenil. [1. Cerdos.   2. Materiales en
idioma español.]
I. Título.   II. Series: Stone, Lynn M.
Biblioteca Descubrimiento — Animales de Granja.
SF395.5.S7618   1991
636.4—dc20   91-21202
                                    CIP
                                    AC

ÍNDICE

CERDOS

La única parte del cerdo que no tiene uso alguno es su "oinc". Cuando un cerdo es vendido, se utilizan todas sus partes. Los cerdos *(SUS SCROFA),* son uno de nuestros animales domésticos más importantes.

Hace unos 7.000 años que en China se amansaron y criaron los primeros cerdos. Los exploradores españoles, hacia los años 1500, fueron quienes los introdujeron en Norteamérica.

Los cerdos, también llamados puercos, chanchos y marranos, tienen muchos hijos en cada **lechigada.** Estos crecen más rápido que otros animales de granja y, además, comen casi cualquier cosa.

Un cerdo revolcándose en el barro

COMO SON LOS CERDOS

Un cerdo se parece a un barril. Está cubierto de pelos largos y duros y tiene patas cortas, con dedos rígidos, llamados pezuñas.

Su **hocico,** o nariz, es fuerte y flexible. El cerdo mete el hocico en la tierra y **hoza** buscando comida.

Los cerdos domésticos suelen ser negros, blancos, marrones, rojizos o de esos colores mezclados. Los machos, o **verracos,** alcanzan a medir cuatro pies de altura, seis de largo y pesan unas 800 libras.

Un verraco bebiendo

DONDE VIVEN LOS CERDOS

En casi todos los países se crían cerdos: hay casi 800 millones en el mundo. China es el país que los produce en mayor cantidad; dos de cada cinco cerdos nacen allí.

Rusia es el segundo mayor productor del mundo y los Estados Unidos, el tercero. La mayoría de los cerdos del país se crían en los estados centrales del norte, cerca de los maizales, ya que el maíz es su principal alimento.

En Iowa hay casi 15 millones de cerdos, más que en ningún otro estado.

A los cerdos les encanta remojarse

DISTINTAS RAZAS DE CERDOS

Casi todos los cerdos domésticos tienen el mismo origen: todos provienen del **jabalí** salvaje. Antiguamente, los jabalíes salvajes vivían en varias partes de tres continentes: Europa, Asia y Africa.

Hoy en día hay muchos tipos o **razas** distintas de cerdos, pero todas son, en realidad, el mismo animal. Las diferencias que existen son mayormente de color, tamaño y la cantidad de grasa que contiene su carne.

En los Estados Unidos se crían sobretodo ocho razas de cerdos.

Verraco de la raza Hempshire

Cerditos en una canasta

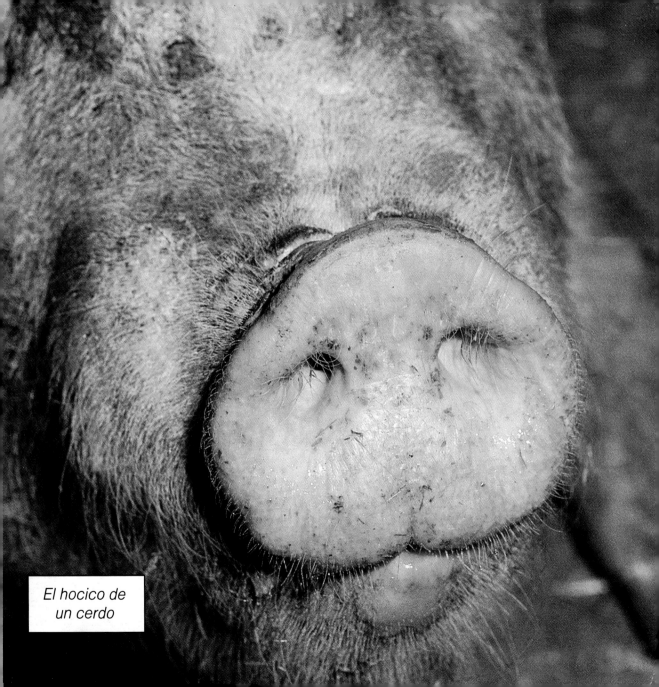

El hocico de un cerdo

CERDOS SALVAJES

Los cuentos describen a los cerdos como animales gordos e inofensivos, pero las ocho razas de cerdos salvajes que existen son fuertes, rápidas y feroces.

El cerdo salvaje Javan, el jabalí pigmeo, el cerdo barbudo y el babirusa, viven en Asia. El del matorral, el jabalí sudafricano y el jabalí gigante selvático, viven en África.

Hay cerdos salvajes en partes de Europa y Asia y miles de "cerdos salvajes" en California y los estados del sudeste, pero éstos son cerdos domésticos cuyos antepasados escaparon de las granjas.

Jabalí sudafricano, en África

CERDITOS

En las granjas modernas estadounidenses, los cerdos nacen en pocilgas donde cuentan con un lugar con calefacción para dormir.

Una **cerda** tiene una lechigada de seis a ocho cerditos, los que pesan unas tres libras cada uno.

Un cerdo podría vivir unos nueve o diez años, pero muy pocos lo logran: la mayoría es enviada al mercado a los seis meses.

A esa edad, un cerdo ya pesa unas doscientas cincuenta libras.

Cerditos amamantándose

COMO SE CRÍAN LOS CERDOS

Los granjeros quieren que sus cerdos crezcan rápido y tengan carne **magra,** es decir, con muy poca grasa.

Por eso, generalmente limitan la cantidad de comida que les dan, para evitar que los cerdos coman demasiado y engorden.

Algunos cerdos permanecen encerrados toda su vida, pero muchos de ellos pasan el tiempo en corrales o pastoreos al aire libre; en los que disponen de abrigos para protegerse del mal tiempo: como a nosotros, el sol puede quemar a los cerdos blancos.

Una granja porcina en un estado del norte central

QUÉ HACEN LOS CERDOS

Una persona que come demasiado, "come como una chancha", una persona ociosa, es "haragana como un cerdo". Es cierto que los cerdos tienen buen apetito y descansan mucho.

Los cerdos gruñen y chillan felices mientras engullen su comida, porque les encanta comer.

También les gusta refrescarse enterrándose a medias en el barro o el agua, hozar el barro y rascarse contra los postes de los cercos.

Los cerdos son uno de los animales domésticos más inteligentes: tienen buena memoria y aprenden muy rápido lo que se les enseña.

Un cerdo hozando el barro

PARA QUÉ SE USAN LOS CERDOS

Los cerdos se crían mayormente por su carne, llamada **porcina.** Algunas personas comen los intestinos de cerdo, o mondongo, fritos. Los riñones, hígado, orejas, sesos y lengua del cerdo también son comestibles.

De la piel se hacen cinturones, guantes, billeteras y chaquetas. Del pelo se hacen cepillos y se rellenan guantes de béisbol y colchones.

La sangre y los huesos se convierten en alimento para otros animales y en fertilizantes. De la grasa se hacen jabones, velas, aceites y crema de afeitar.

¿Y el "oinc" del cerdo?   ¡Todavía nadie le ha encontrado un uso!

GLOSARIO

cerda — la hembra del cerdo

doméstico — amansado y criado por el hombre

hocico — la nariz del cerdo y otros animales

hozar — mover y levantar la tierra con el hocico, como lo hacen el cerdo y el jabalí

jabalí — cerdo salvaje, sobretodo de Europa *(SUS SCROFA)*

lechigada — entre los animales, el número de hijos que nacen al mismo tiempo de una sola madre

magra — que tiene muy poca grasa

porcina — la carne de los cerdos

razas — un grupo especial de animales desarrollado por el hombre; una clase de cerdo doméstico

verraco — cerdo macho

ÍNDICE ALFABÉTICO